AF454175

IMPUTAMI IL PECCATO DI VOLER SOPRAVVIVERE

ANNA MOSCA

TITOLO ORIGINALE
IMPUTAMI IL PECCATO DI VOLER SOPRAVVIVERE

© 2011, Anna Mosca (II edizione)

Progetto e foto di copertina Anna Mosca @ AMa

ISBN | 978-88-93210-51-5

a tutti coloro che, cadendo, lottano per sopravvivere

*

Il mal di vivere attende la mattina,
    acuto.

    Uno specchio rotto nelle viscere.

*

Neve
si posi sulla mia terra

come un bacio
candida gomma

che cancella te dalla mia vita
dolcezza zittisce la memoria

tagliando la lingua ai pensieri.

*

Tra un singulto
e l'altro penso
forse ce la farò.

Il buio come un urlo.
Il suono del dolore
impaurisce.

Nei momenti di respiro
in quei brevi silenzi
si forma

un po' di colore
nella nebbia
pesante e fredda.

Singulti come doglie
frequenti mi strappano
e poi solitari.

Qui spero di partorirti

morto,
come gestire altro dolore?
(mio amante figlio)

*

Ancora li indosso
per sentirti addosso

per esserti dentro
per mantenere lo sguardo
lungo esitante
innamorato che cadeva
lento e non finiva

miele che non lascia il cucchiaio.

*

Ho cambiato lingua perché non voglio che tu ritorni
fosse mai che tu volessi com-prendermi,
io non voglio più che tu mi capisca.

*

Una riga,
dentro una volta c'eravamo noi.
Ceneri
negli angoli di una stanza buia.
La notte

attendo che mi si racconti l'amore.

*

Ci ascoltavamo senza parlare.

La lentezza dello sguardo
dava alla nostra storia
un ritmo lento
diluito.

Conoscevamo orizzonti
fuori dall'inquadratura.

Mettevamo a fuoco ogni cosa
e forse, lì ci siamo spaventati.

*

Dilatando il tempo
vestendomi creavo poesia.
Mai a caso

rimandavo a immagini precise.
Camminavo su righe invisibili

costruite dentro la mia mente
fino al mio guardaroba
la valigia, il mio scatolone.

Che fossi in viaggio o meno.
        Ero quasi sempre in viaggio.

Mi piaceva combinare
sognare me stessa
camminare

con una poesia addosso
indagare se venivo letta come tale.
Ora scrivo più poesie

scelgo con cura parole
che possano essere indossate
dai miei sentimenti.

Mi vesto con meno poeticità
quasi distrattamente a volte
per coprirmi.

*

Mischio alla polvere la luce
che si libra consistente.

Vago
io stremata
senza luogo per dormire
attendo, inutile
dissuasa.

Nessuna intromissione.

La mia notte
non si sporge oltre
il giorno tarda.

Nel frattempo
mi stempero.

*

Mi scrollo di dosso il travaglio
il dolore e le delusioni di ieri.

Lascio cadere a terra, inerte,
l'incapacità di piangere
il blocco creativo e non.

Sfilo gli amici che prendono
che non sanno esserci
non calzano più.

Slaccio le bende sugli occhi
il bavaglio sulla bocca
e mi tuffo

di testa
nella luce
nuda.

*

Mi blocchi continuamente e mi parli
mio cuore
di fermarmi in questo silenzio sospeso

denso
il rumore dei miei passi lo disturba
così mi muovo a tratti

presa tra la bellezza e il senso del dovere:
incontrare amiche addolorate,
supermercati, traffico, soldi che puzzano.

Cancellerei tutto
per star sola con te mio cuore
che nessuno riesce ad amarci.

*

Il tuo desiderio scivola
creando itinerari
d'acqua
in me.

Ti accompagno alla macchina
ti accompagno alla vita
ti accompagno
ti sarò compagno per una notte
o metà settimana;
mezza vita l'afferro,
e ti stringo a me.

*

Mi immergo
dentro te

per evadere.

*

Ogni tuo sguardo cavalca
palpito invisibile
debutto di cielo

alba di fuoco in un battito d'ali
luce che si posa, accarezza
dice.

Sveglia il sangue,
l'equilibrio prezioso, labbra congiunte
respirano nude la trasparenza della notte

ombre di sogni
intendono i silenzi che assorbono
consumano ore.

*

Autostrada la notte.

I tuoi baci già mi accasciano.
Faticavo a rientrare.

Rotte familiari
affrontate con esasperata lentezza.

Ferma in autostrada
a lato corsia ricordando,

al suono del freno d'emergenza
impeti di dolcezza

le tue mani appoggiate
rimaste sopra

impronte
su una carne docile.

Dolcezze assaporate
assorbite nel mio corpo
adesso riparto e sono

in movimento

spero di lasciarti indietro
in questo cielo
di vertigine.

*

Con te vorrei ci fosse
un'amicizia di baci
e carezze leggere

dolcissima di sguardi
e sorrisi senza pensieri
di possesso o di tradimenti.

Da te vorrei ammirazione
e supporto, uno sguardo
che sia come tenerci la mano.

Tu che vedi la luce
in me anche mentre precipito
nell'abisso più cieco.

Tu che mi vedi
io, che non so
più chi
sono.

*

Cerco impronte sulla mia carne
cedevole
inutilmente.
Lascio perdere
e mi spettino

per uscire.

*

Siamo porto uno per l'altro
partenze ed arrivi
carichi clandestini notturni

scarichi silenziosi bisbigliati
rapidi a volte
lenti ed attenti altre.

Siamo frementi a momenti
siamo restii

siamo solo banchine
costruite perché il mare
vi lambisca contro
bacio dopo bacio.

*

Ti insinui
continuamente
nelle pieghe del mio giorno

con parole come dita vogliose
piccoli punti
labbra protese

dettagli
come una vicinanza
necessaria per respirarsi.

*

I solchi delle pieghe del letto
sulla mia pelle ti sorprendono

liquida la credevi
non rena

pronta
a ricevere l'impronta

tenera.

*

La comica tragedia del tuo vizio
specchio faticoso
dal quale riemerge un viso

- aspetto

(con scarso esito)

*

Mi annoi
ridondante di te

uscissi da casa tua ogni tanto
e parlassi d'altro
di nuvole e di venti

non di cronaca ma
di sentimenti.

*

Sarà
in quel vuoto rimasto
sarà

nelle parole sospese
di racconti mai consumati.

Sarà
nei sussurri rochi

nelle onde che si raccolgono
nelle nostre orecchie

mare che esplode sopra
una terra che si insinua.

Sarò oceano per te
coprendoti tutto.

Sarà
pioggia

incessante

di gemito
tanto atteso.

*

E' quasi il giorno in cui queste parole
saranno per te come per un altro

- trafitta

immobile davanti ad uno schermo
le tue parole per un'altra

bruciano.

*

Il dolore arriva pure lui
e divora le orecchie
non ascolto
non esisto
precipito

non posso cadere
ti devo eliminare.

Ricordo il dolore
ricordo quello di ieri
dell'estate scorsa
dell'anno scorso
di anni scorsi

speravo che acque
portassero libertà.

Bruciano le orecchie. Ardono.

Sul cuore ho messo un veto
lui è pronto a morire

a fermarsi incenerito
per ogni delusione
vive di tragedie
pulsazioni
saltelli.

Non posso lasciarlo fare.
Non posso lasciarti fare.

non posso cercarti.

Tu cerchi di stare a galla

tra il mare orientale
e il mare occidentale
copie speculari

l'ironico senso del destino.

*

L'aria amara
cade pioggia salmastra
    da tanto

    forse ricicla il mare
l'odore che non può gettare

forse prepotente
racconta la sua mole
alle piccole gocce.

Annuso intorno l'aria
sgrano gli occhi.

*

Appena terminata la mia cena, non da poco
dodici ostriche, le N° 2
sei fette di pane nero con Buerre Demisal spalmato
abbondante
due coppe di champagne
e una ventina di pagine commoventi.

Ho alzato la testa dalle mie emozioni
dal mio stomaco gongolante
piano
e ho visto altri volti felici
i crostacei aiutano a rilassarsi.

        Ho fame, fame, fame.
Comincerei, ora a mangiare te
dalla bocca avida.
        Fame, fame insaziabile.

Sarà che nessuno ci sa mangiare
come ci mangiamo noi.

Comincio ora, al tempo del dessert
        mancato,
a pensare di divorare la tua carne
come se a stomaco vuoto

        dentro il quale tu manchi.

*

Inutile,
in questo momento non sei altro.

Assente
non amico
non amante
eppure pretendi
d'occuparlo un posto.

Vacante.

*

Amo vivere vicino ai confini per poterli varcare.

*

La notte sospende
su un filo teso

sul silenzio si scrivono

a passi lenti, una danza
i pensieri.

*

Mi piace avvicinarmi a te
            quando è buio
quando la luce del giorno non filtra più
            e raccolta in te
è l'essenza del vissuto
dell'energia che ti ha attraversato

in un lento cedere
rallentato   -   respiro
quando i pensieri si adagiano
            morbidi

abbandonati i programmi
maturano gonfie
petizioni amorose.

*

Tu andato
immagine sfuocata
come l'occhio coperto di lacrime
ti ha visto l'ultima volta

tremulo
più delle mie labbra

troppo lontane
dalle mie mani
strette serrate.
Noi lacerati.

*

Tutti questi passi che ti entrano dentro
vuoi essere calpestato e attraversato
per non sentirti vuoto
mentre garrulo
spari cazzate.

Potrei amarti esondando
riempirti e tranquillizzarti
potrei ma non ci provo neppure.

Neppure mi alzo
non ti offenderai
bisbiglierai il tuo scontento?

Rabbrividisco
potrei amarti ma scelgo di andarmene.

Scelgo
e scelgo sempre male.

*

Amerei essere nei tuoi occhi stasera
stretta.

Amerei tenerti nel mio sorriso
ampio.

Dolcezza mi accarezza scivola
come al risveglio

si adagia lentamente nella luce bruma
fuori

allungandosi, indugiando nel calore

dentro
ti vorrei

come una risata
lunga
nella rete.

*

Se scendo piano nel crepuscolo
con passi attenti
forse ti avvicino senza cadere.
Forse, a stento faccio rumore

lieve musica sincopata, battiti furiosi.
Una corona stretta, dolente
vorrei strapparla, gettarmi lontana
per esser condotta via.

Prometto che cedo, vedo, non fuggo.
Prometto che resto, fammi entrare.

Entro e racchiudo il tuo seno
tra le mie mani, mi poso
ardente sulla tua bocca.
Sollevami da questa solitudine.

Chiamami fuori mentre risali
mentre respiri
assorbimi dentro.

Camminami piano,
non mi tralasciare.

*

Correre
senza fiato
su un'arena indurita dalle onde

lasciarti indietro
come il sole del mattino,
verso la notte dentro me

mentre singhiozzo e
mi stai aggrappato al cuore
nolente.

Come un aperitivo
di notte

fuori tempo
divertito
ballerino

impaurito d'esser consumato
di non esser messo in conto

tenuto da conto
in una notte sfavillante
che non è crepuscolo

che non è il suo tempo.

*

Tu, come se niente fosse
felice nonostante.

Io
come se niente fosse mai stato
con l'immediato del vuoto intorno.
Sempre, se non è l'ora è il calendario

sempre lasciata indietro, sola
        desiderio implacabile che ti consuma
        che controlli a fatica
        che ti assilla
l'altra che ti controlla

l'altra che aspetta nervosa
che non sa, ma che quasi scorge
i miei capelli intrecciati nel tuo maglione
che annusa la notte il mio odore sulla tua testa

che mi intravvede appena nei tuoi occhi
        che tieni stretti, un po'
        nella speranza di nascondermi bene
quando la incontri.

                                    *

Sei meno presente dentro me

forse sei svanito
nelle acque, su un treno
su un autobus, dentro un suo bacio
forse mi cacci via dai tuoi pensieri

con forza
e metodo
per potermelo
nel futuro ribadire.

*

Facciamo il catalogo
degli innamorati che colleziono
che stanno con un'altra
che si dicono innamorati di un'altra ma

che si farebbero infilzare
e metter sottovetro
quotidianamente
per stare nella mia stanza

incorniciati sopra la mia scrivania
ad osservare cosa fanno le mie dita
mentre scrivo, mentre arrotolo i capelli
mentre rido toccandomi le labbra.

Che vorrebbero respirami la gola
sussurrare le mie orecchie che
hanno una sfilza di pessime
scuse per potermi vivere,

in parte.

*

Mi battezzavi meraviglia
destinazione luminosa,
mi hai accarezzato i capelli
solo quello

per perderci.

Per intenderci,
lì ci siamo inventati.
Scovati tra sguardi
e nebbie.

*

Quante ore mi desideravi
quanti respiri prolungavamo
quanto sorrisi dentro i nostri abbracci
quanti passi ballavamo

quante volte...? E quante volte e
quante volte ancora
incontri, viaggi
messaggi

e quanta determinazione ora
a cancellare le tracce
dentro la casa
dentro il letto

dentro te
dentro me.

*

Elenchiamo le parole vere e
separiamole dalle litanie
scindiamo.

Smettiamola.

Balliamo come una volta
ospitami nel buio che ci bastava
abbondava.

Sospendimi in quella bolla.

Ho una lista dei desideri che
mi hai elencato e che non
a fine serata neppure
a fine settimana
mantenevi.

Naufraghi in un oceano
similmente troppo
vasto per poterci
raggiungere

ma
vicini lèggere
di noi.

*

Attendo.
Non conosco nulla oggi
esploro ma senza connessione
con altri, con l'altro io.

Attendo e spingo
nel fondo delle tasche
poco profonde
la paura.

Non so cosa vivi cosa
pensi se mi pensi, cosa farai.
Non so cosa penso, cosa farò
cosa voglio, se mi vivo.

Vorrei averti
vorrei lasciarti indietro.

Attendo come un suono
nelle orecchie lontano

unghie che
graffiano un vetro
che cercano scalfendo
un'entrata al futuro.

Non temono
di rompersi.
Io un po' temo.
Attendo.

*

Pregno di pioggia nascosta
con ombre come di alberi

chiari e scuri sulla volta come se

la terra
emanasse luce
e interpellasse un cielo

che si nasconde
stanco

pronto a piangere,
tra un sorriso e una parola.

*

Quando il tuo sguardo manca
penombra accade e smorza
avvilisce.

Sono ombra buia al mio cuore
vento invernale notturno
sofferto, evitato

chiusa fuori.

*

Per poter rientrare, dici, a casa.

- Io non ero casa, forse un viaggio
esotico, lontano, americano,
sognato, forse non ero
- forse non c'ero.

*

Ogni amante è stata tradita prima.

Ripudiati gli ululati
penetranti.

Occhi raggelati (puntati) avanti
procede inesorabile.

Affamata.
Armata.

Isola, isola-ta, isola-mi, io-sola.

INDICE

Anna Mosca (Milano) é artista, poetessa e fotografa. Vive per esigenze lavorative in diverse capitali estere. Studia Belle Arti negli Stati Uniti d'America. Opera inizialmente nel campo delle Belle Arti come pittrice e scultrice negli Stati Uniti d'America, con una svolta definitiva all'Arte Concettuale intorno all'anno 2000. In seguito studia e si laurea a pieni voti all'Accademia di Belle Arti di Brera a Milano con una tesi in italiano sull'Arte Concettuale dal titolo "La parola si fa arte".

Negli anni ha ideato mostre e performances personali di natura fondamentalmente concettuale mettendo in rilievo lo sviluppo del concetto attraverso la parola. E' frequente nel suo percorso artistico l'utilizzo della poesia sia in performance artistiche che in installazioni e letture pubbliche. Con l'altro suo medium d'elezione, la fotografia, continua la sua ricerca concettuale mediante la fusione di luci, spazi e linee, che rimanda molto alla sintesi della sua poesia. Compone poesie in inglese e in italiano.

Conduce dal 2011 un sito internet personale di poesia bilingue dove possono essere lette settimanalmente nuove composizioni poetiche accompagnate da una ricerca fotografica:

www.annamosca.com

Imputami il peccato di voler sopravvivere è una raccolta di poesie selezionate tra quelle scritte dall'autrice nel periodo trascorso da ottobre 2010 al mese di febbraio 2011.

Per contattare l'autrice scrivere a moscanna@gmail.com

ALTRE OPERE DI ANNA MOSCA:

California Notebooks (Quaderni Californiani)
Versione bilingue volume 1
Formati: Cartaceo, e-book
ISBN 978-88-93069-80-9
Venduto nelle migliori librerie e online

INOLTRE:

Quaderni californiani
Salmi 1,2,3
Colori Estivi
Sottrazioni
Un volo oltre
Alti Viaggi
Stratigrafia [mi'la:no]
Passi sul lago
Eulogie
Sepolture
Scadenze
La memoria

LE POESIE DELLE SEGUENTI RACCOLTE
POSSONO ESSERE LETTE SUL SITO

www.annamosca.com

Finito di stampare nel mese di Ottobre 2015
per conto di Youcanprint *Self - Publishing*